Julia Hansen • Sybille Kalmbach

Malen
mit den Allerkleinsten

INHALT

VORWORT

Kritzeln, Krakeln, Tropfen, Spritzen – mit kinder-
sicheren Materialien können Sie und Ihr kleiner
Künstler schnell und unkompliziert die Welt der
Malerei erobern: Ob Sie nun mit Pinseln oder
Stöcken malen, auf unterschiedlichsten Unter-
gründen oder vielleicht sogar ganz experimen-
tell zu Musik – erste Farberlebnisse sollten
einfach und prozessorientiert sein. Durch un-
gewöhnliche Ansätze kommt so jedes Kind
zu tollen Ergebnissen. Benötigt werden nur
Fantasie und Spieltrieb.

Decken Sie den Tisch mit Zeitung ab, stecken
Sie den Künstlerknirps in einen Malerkittel
und schon kann er die Farbe mit allen Sinnen
entdecken. Oft ist schon die Herstellung der
Farben ein Erlebnis. Schnell können Sie mit
ein paar Basisrezepten Farbteig, Duft- oder Fingerfarben aus ungefährlichen
Lebensmitteln selber mischen. So geht ästhetisches Gestalten für kleinste Weltentdecker!

Farbe ist ein Abenteuer – gehen Sie gemeinsam auf
Entdeckungsreise. Viel Spaß beim Malen, Drucken
und Spritzen!

Julia Hansen

S. Raluch

SO WIRD'S GEMACHT

Die mit einem Handabdruck markierten Arbeitsschritte können vielleicht schon von Ihrem Kind alleine oder mit nur wenig Unterstützung ausgeführt werden. Lesen Sie ihm die Anleitung langsam vor und besprechen Sie anschließend noch einmal gemeinsam, was zu tun ist.

Der Schwierigkeitsgrad einer Malidee zeigt an, wie viel motorisches Geschick der kleine Künstler benötigt. So sind die Abstufungen:

● ○ ○ leicht
● ● ○ mittel
● ● ● anspruchsvoll

ARBEITSPLATZ

Decken Sie Tisch und Boden beispielsweise mit einem Wachstuch oder aufgeschnittenen Müllsäcken ab, dann lässt es sich auch im Wohnzimmer malen. Am besten eignet sich eine ungemusterte Unterlage, das lenkt die Kinder nicht vom Malen ab. Eine große, dicke Pappe eignet sich besser als Zeitungspapier, da sie nur schwer verrutscht, nicht so schnell durchweicht und keine Druckerschwärze hinterlässt.

KINDERFARBEN

Prinzipiell eignen sich alle wasserlöslichen Farben für Kinder, also Badefarben, Fingerfarben, Deckmalfarben oder auch edle Aquarellfarben. Außerdem natürlich Wachsmalstifte und -blöcke, Tafel- und Straßenkreiden, Buntstifte und Ölpastellkreiden. Achten Sie aber immer darauf, dass Ihr Minimaler nicht an den Farben leckt: Gesundheitsfördernd sind sie alle nicht!

Acryl- und Plakafarben sind sehr farbintensiv und in feuchtem Zustand wasserlöslich, lassen sich getrocknet aber nur schwer aus der Kleidung herauswaschen, genauso wie Lackfarben, Holzlasur, Filzstifte oder Kugelschreiber. Trotz dieser Nachteile sind manche Malergebnisse mit den nicht ganz so kinderfreundlichen Farben um ein Vielfaches leuchtender, haltbarer oder auch kräftiger und Sie sollten selbst abwägen, ob Sie unter Aufsicht diese Farben doch verwenden möchten, oder alternativ lieber die unbedenklicheren Kinderfingerfarben zur Verfügung stellen.

Damit Ihr Kind Farben anrühren kann, ohne dass Sie dabei auf teure Künstlerpigmente zurückgreifen müssen, haben wir außerdem Rezepte auf Lebensmittelfarbenbasis für Sie in diesem Buch zusammengetragen. Sie finden diese auf Seite 10, 11, 14 und 15.

TIPP Legen Sie im Frühling einen kleinen Vorrat an wasserlöslichen Ostereierfarben an. Diese sind günstiger und die Farbenvielfalt ist größer als bei Lebensmittelfarben.

MISCHEN
ERLEBBAR MACHEN

Um den Kindern einen guten Überblick zu geben, empfiehlt es sich, flüssige Farben auf weißen Papptellern bereitzustellen. So werden sie separat wahrgenommen und das Mischen kann bewusst erlebt werden. Oft reicht eine kleine Farbauswahl der Grundfarben aus. Ultramarinblau, reines Gelb, Karminrot, Weiß und Schwarz genügen vollauf!

MALWERKZEUG

Kleine Kinder wollen oft nicht mit den Fingern malen. Bieten Sie den Kindern dann Kinderpinsel, Schwämme, Walzen, Spülbürsten oder ähnliche Malwerkzeuge an.

HINWEIS Beachten Sie, dass Pinselstiele oft zu lang für Kleinkinder sind und die Kleinsten gegebenenfalls Probleme beim Hantieren haben. Die Stiele lassen sich leicht mit einer kleinen Säge oder Gartenschere kürzen. Abschmirgeln. Einsatzbereit.

ARBEITSKLEIDUNG

Als Kleidungsschutz bietet sich ein Kindermalerkittel an, erhältlich im Spielwarenhandel oder Bastlerbedarf. Die gerne verwendeten, ausrangierten Herrenhemden halten oft die nasse Farbe nicht von der darunterliegenden Kleidungsschicht ab. Malen Sie vorzugsweise mit wasserlöslichen Farben, die auswaschbar sind. Auch ein toller Malerkittel hält nicht jeden Farbspritzer ab!

TIPP Cremen Sie die Kinderhände vor dem Malen ein, dann lässt sich die Farbe später leichter abwaschen.

PRÄSENTIEREN

Inszenierte Kinderkunst macht die Allerkleinsten stolz und selbstbewusst. Also rahmen Sie auch erste „abstrakte" Bilder und hängen Sie sie an prominenter Stelle auf, verwenden sie große Bögen als Geschenkpapier oder schneiden Sie (nach Absprache mit dem Kind!) Gemälde zu Grußkarten zu. Die Vorlagen im Anhang lassen sich hierzu als Positiv- oder Negativschablone verwenden! So bekommen auch Kleinste für ihre Werke Aufmerksamkeit und Lob und können etwas Handfestes verschenken.

Faltschachtel mit Deckel

Gemeinsam mit einem Erwachsenen können das auch schon kleinste Bastler!

1 Für eine Faltschachtel mit Deckel benötigen Sie zwei Quadrate, eines davon 0,5 cm kleiner als das andere.

2 Falten Sie das Quadrat zweimal diagonal. Falten Sie es wieder auf und knicken Sie alle vier Ecken zum Mittelpunkt. Wieder öffnen. In der Mitte entsteht ein Quadrat.

3 Falten Sie jede Ecke auf die Mitte der naheliegenden und fernliegenden Linie des Quadrats. Falten Sie alles wieder auf, ein Netzgitter ist entstanden. Zeichnen Sie das Mittelquadrat (bestehend aus vier Kästchen) mit einem Stift nach. Dies ist der Boden der Schachtel.

4 Legen Sie das Quadrat so vor sich hin, dass eine Ecke zu Ihnen zeigt. Schneiden Sie zwei Linien parallel entlang der beiden Falze, die rechts und links neben der Mittellinie liegen und zwar zwei Kästchen lang. Wiederholen Sie das auch auf der gegenüberliegenden Seite.

5 Falten Sie nun die rechte und die linke Ecke auf den Mittelpunkt und dann die beiden Seiten nach oben. Falten Sie die vier freien Zipfel der hochstehende Seiten ein, bis sie entlang des gezeichneten Quadrats stehen.

6 Zuletzt die beiden anderen Ecken über die hochstehenden Seitenteile hinweg ins Schachtelinnere falten und festkleben.

ATELIER

Wenn Sie eine kleine, helle Ecke des Kinderzimmers für einen Arbeitstisch erübrigen können, bietet es sich an, ein Kreativatelier einzurichten. Stellen Sie hier dem kleinen Künstler kindersichere Farben und Papiere zur Verfügung, sodass er immer gefahrlos arbeiten kann. Wachskreiden, Buntstifte und Kopierpapier bilden die Grundausrüstung. Eine beschichtete Arbeitsplatte und Wände, die mit abwaschbarer Latexfarbe gestrichen sind, sind nicht zwingend notwendig, runden das erste Atelier aber professionell ab.

Fingerfarben, Pinsel, Walzen und dergleichen sind spannende Malwerkzeuge und haben einen großen Aufforderungscharakter. Allerdings sollten sie nicht unbedingt frei zugänglich für das Kleinkind bereitstehen, damit nicht plötzlich Wände und Boden in neuem Farbglanz erstrahlen.

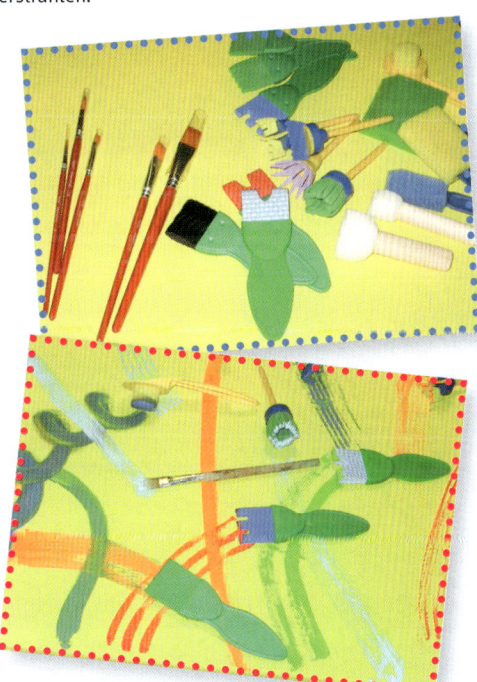

TIPP Eine erste Möglichkeit, alleine mit einem Pinsel zu arbeiten, ist der Kleisterpinsel: In einem Kunststoffbecher mit Auslaufschutz (erhältlich im Mal- und Bastelbedarf) wird etwas Tapetenkleister angerührt und ein Pinsel dazu gesteckt. Nun kann der kleine Künstler selbst Papier zusammenkleben, Schnipsel aufkleben und dabei den ersten Umgang mit dem Pinsel üben.

Farbe ausprobieren

Farben faszinieren – doch wie entstehen sie eigentlich? Durch Mischen, Verdünnen oder Übereinandermalen lernt Ihr kleiner Künstler unkompliziert, einen Farbton herzustellen und mit Farbe zu spielen. Kinder haben dabei oft ihre ganz eigene Sicht der Dinge, sei es in Hinblick auf die Farbverarbeitung oder auf das Farbergebnis. Stellen Sie Ihre Ästhetik deshalb nicht allzu sehr in den Vordergrund und lassen Sie den kleinen Maler stattdessen seine Kreativität frei entdecken.

Schwierigkeits-grad
● ● ●

Material
- 🌀 Kindercreme
- 🌀 Babypuder
- 🌀 Holzspachtel
- 🌀 Esslöffel
- 🌀 flüssige Lebensmittelfarbe in Gelb, Blau, Rot und Grün
- 🌀 4 kleine Schüsseln
- 🌀 4 kleine verschließbare Gefäße (alternativ Sortierbox)

Funny Faces

TIPP Die meisten Lebensmittelfarben lassen sich mit Wasser und etwas Seife restlos vom Gesicht waschen. Trotzdem sollten Sie die Farben in der Kinderarmbeuge auf Allergien austesten und eine Creme verwenden, die Ihr Kind gut verträgt.

1 Fülle einen Esslöffel Kinder-creme aus der Cremedose und ei-nen Esslöffel Babypuder in eine kleine Schüssel. Verrühre beides vorsichtig, bis eine geschmeidige Masse entsteht.

2 Jetzt kannst du einige Tropfen Lebensmittelfarbe unterrühren.

3 Nun kannst du dich nach Herzenslust schminken – das geht nicht nur zu Karneval!

TIPP Verpacken Sie die Schminkfarbe in kleine luft-dicht verschließbare Gefäße. Im Kühlschrank halten sich die Farben mindestens sechs Wochen.

Schminke to go

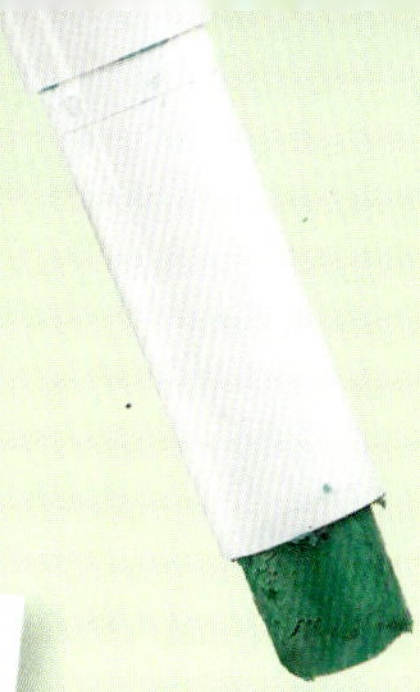

1 Drehe den Lippenpflegestift komplett heraus und breche ihn aus seiner Form.

2 Füllen Sie den Inhalt in einen Keramik-Eierbecher und lassen Sie ihn zwei Minuten bei mittlerer Leistung in der Mikrowelle schmelzen. Vorsicht: Das geht sehr schnell und wird sehr heiß!

3 Jetzt rührst du vorsichtig die Lebensmittelfarbe darunter. Verwende dabei viel Farbe – mindestens acht bis zehn Tropfen! Beim Erkalten wird die Masse von selbst wieder heller.

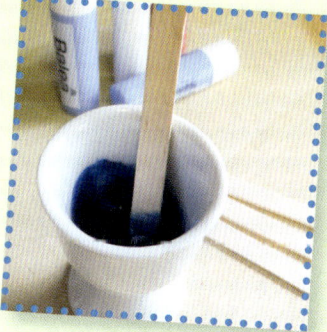

4 Füllen Sie die sämige Masse wieder in die Lippenpflegestiftform, lassen Sie sie abkühlen und im Kühlschrank aushärten.

5 Nach zwei Stunden ist der Stift hart und lässt sich aus der Form drehen. Jetzt kannst du dich damit schminken und deine kleinen, frechen Schminkstifte überallhin mitnehmen.

Schwierigkeitsgrad

● ● ●

Material

- 4 Lippenpflegestifte
- flüssige Lebensmittelfarbe in Gelb, Blau, Rot und Grün
- Mikrowelle
- 4 Eierbecher (Keramik)

KLASSE KINDER-SCHMINK-STIFTE!

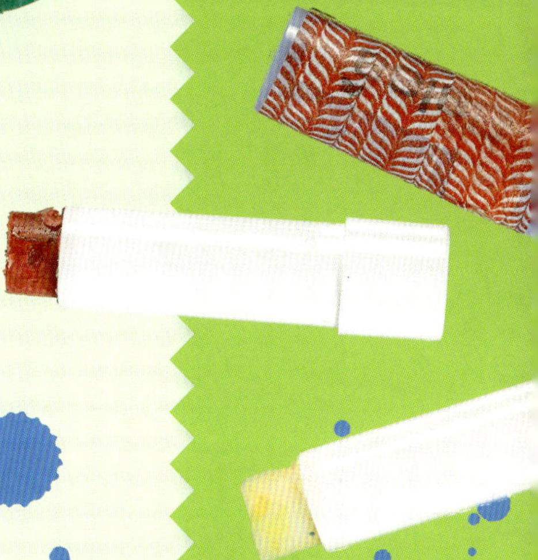

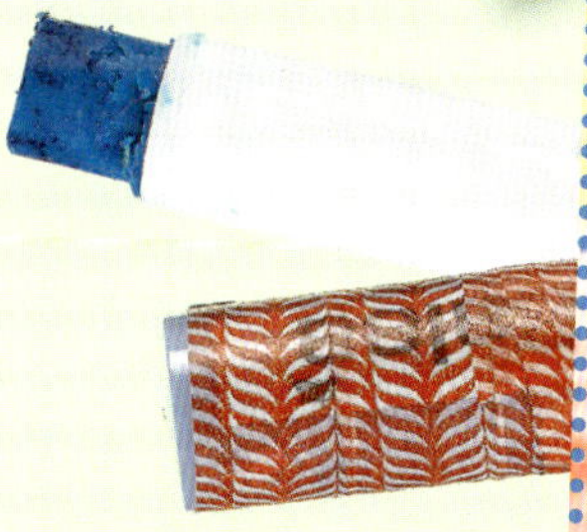

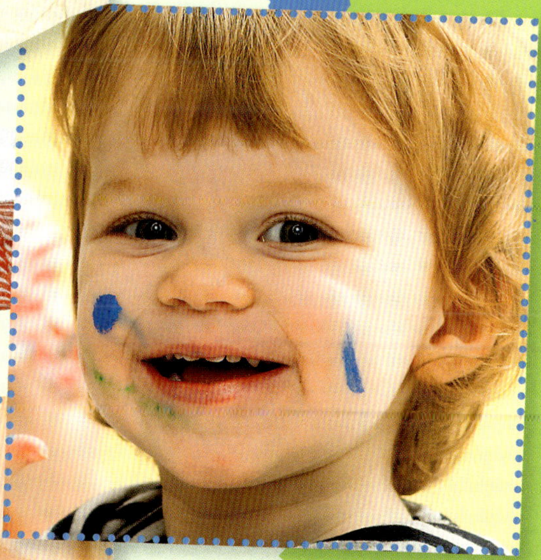

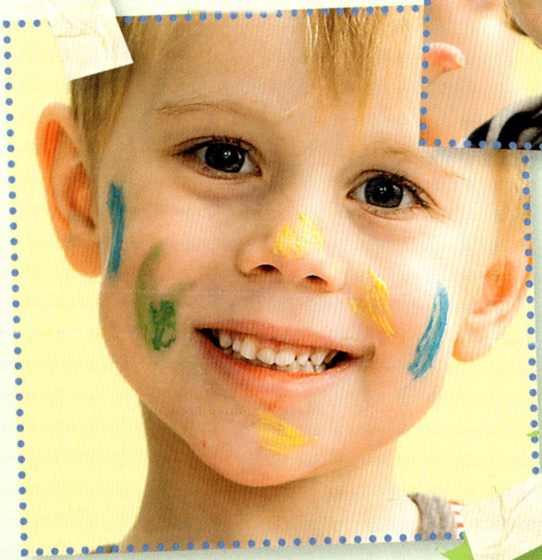

TIPP Schminken lässt sich der ganze Körper! Wie wäre es im Sommer mal mit einem lachenden Gesicht auf dem Bauch oder einer Blumenranke am Bein?

Schwierigkeitsgrad
● ● ●

Gruppen-tauglich

Material
- Keilrahmen, 80 cm x 120 cm
- Acrylfarbe in Gelb, Rot, Orange, Blau und Hell-grün
- 4 Gefrierbeutel
- Wolle oder Paketschnur, 4 m lang
- Büroklammer
- Walze (alternativ Flach-pinsel, Größe 24)
- Schere

Schwungvoll

1 Decken Sie die Aktionsfläche großzügig mit alten Zeitungen ab oder arbeiten Sie im Freien. Grundieren Sie gemeinsam mit Ihrem kleinen Künstler den Keilrahmen mit gelber Acrylfarbe – am besten geht das mit einer Walze oder mit einem breiten Flachpinsel.

2 Füllen Sie rote, mit etwas Wasser verdünnte Acrylfarbe in einen Gefrierbeutel. Lassen Sie die Farbe in eine Ecke laufen und binden Sie den Beutel so ab, dass die Ecke spitz nach unten zeigt. Binden Sie an den Beutel eine lange Schnur. Spannen Sie eine zweite Schnur waagerecht im Zimmer und hängen Sie den Farbbeutel mit der Büroklammer an dieser Schnur so auf, dass er ganz dicht über dem Keilrahmen hängt.

3 Nimm dir eine Schere und schneide ein ganz winziges Stück der Farbbeutelspitze ab. Dann gibst du dem Farbbeutel einen kleinen Schubs und das Farbpendel beginnt zu kreisen. Du kannst das Pendel nur wenig oder sehr stark anschubsen, so entstehen unterschiedlich große Kreise.

4 Mit den weiteren Farben kannst du genauso verfahren. Am besten verschiebst du jedes Mal den Keilrahmen ein wenig, sodass die Pendelkreise möglichst viel vom Keilrahmen verzieren. Zwischen den einzelnen Farben etwas warten, da sie sonst an den Schnittstellen ineinander laufen können.

TIPP Man kann auch mit Sand Pendelbilder herstellen: Dazu feinen farbigen Dekosand anstatt der Farbe einfüllen. Das Sandpendel kann im Hof oder im Sandkasten aufgebaut werden. Wer ein bleibendes Sandpendel-Kunstwerk möchte, streicht einen Tonkartonbogen dick mit Kleister ein und lässt den Sand auf den noch feuchten Grund rieseln.

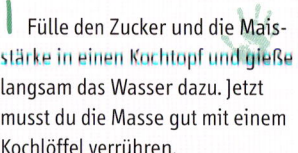

Schwierigkeitsgrad

● ● ●

Gruppen-tauglich

Material

- ⟲ Keilrahmen, 30 cm x 30 cm und 35 cm x 27 cm
- ⟲ Ostereierfarben in Grün, Blau, Lila, Pink und Rosa (alternativ flüssige Lebensmittelfarbe in Blau, Rot und Grün)
- ⟲ 3 Esslöffel Zucker
- ⟲ ½ Tasse Maisstärke
- ⟲ 2 Tassen Wasser
- ⟲ ¼ Tasse Spülmittel
- ⟲ 2 Tropfen Rosenöl oder Zitronenöl
- ⟲ 4 kleine Schüsseln
- ⟲ 4 Marmeladengläser
- ⟲ Glitter in Silber oder Streusterne in Gold
- ⟲ Vogelsand oder Minimuscheln
- ⟲ kleiner Kochtopf
- ⟲ Kochlöffel

Vorlage

Seite 61

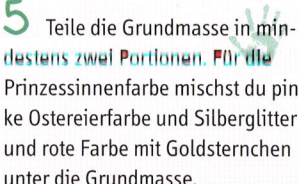

FINGERFARBEN MIT SPEZIALEFFEKT

Glitzerglibber

1 Fülle den Zucker und die Maisstärke in einen Kochtopf und gieße langsam das Wasser dazu. Jetzt musst du die Masse gut mit einem Kochlöffel verrühren.

2 Kochen Sie die Flüssigkeit solange, bis eine klare, dickflüssige Masse entsteht. Alles gründlich abkühlen lassen.

3 Schütte langsam das Spülmittel hinein und verrühre alles bis eine glatte Masse entsteht.

4 Mische das Duftöl unter. Für Prinzessinnenfarbe verwendest du Rosenöl, für Dinofarbe Zitronenöl.

5 Teile die Grundmasse in mindestens zwei Portionen. Für die Prinzessinnenfarbe mischst du pinke Ostereierfarbe und Silberglitter und rote Farbe mit Goldsternchen unter die Grundmasse.

6 Für die Dinofarbe blaue und grüne Lebensmittelfarbe und Vogelsand oder kleine Muscheln in die Grundmasse rühren.

7 Fülle die Farbe in die vorbereiteten Gefäße.

8 Schneiden Sie eine Schablone aus Fotokarton aus und fixieren Sie sie mit Kreppklebeband am Keilrahmen, sodass Ihr Kind nur die Aussparung ausmalen muss.

9 Jetzt kannst du loslegen und mit deinen Fingern eine Leinwand kunterbunt gestalten. Wenn du mit Schablonen arbeiten möchtest, bietet es sich an, dass du mit der Prinzessinnenfarbe eine Krone und mit der Dinofarbe einen dicken Dinosaurier gestaltest.

Crazy Kreide

1 Klebe eine offene Seite der Toilettenpapierrolle mit Malerkrepp zu.

2 Schütte vorsichtig vier Joghurtbecher Gipspulver und zwei Joghurtbecher Wasser in die Schüssel und verrühre alles, bis eine gleichmäßige Masse entsteht.

3 Fülle die fertige Gipsmasse in die leeren ausgewaschenen Joghurtbecher und färbe sie dort mit Lebensmittelfarbe ein. Arbeite zügig, denn der Gips wird schnell hart.

4 Fülle den eingefärbten Gips in deine vorbereiteten Papprollen, beim Einfüllen ab und zu gegen die Rolle klopfen, damit sich keine Blasen bilden.

5 Wenn du die verschieden farbige Gipsmasse in mehreren Lagen in die Papprollen gießt, dann bekommst du eine tolle Regenbogenkreide.

6 Lass deine Straßenmalkreide über Nacht trocknen.

7 Löse vorsichtig die Papprolle vom Gips ab. Schon hast du eine tolle, selbstgegossene Straßenmalkreide für den Gehsteig.

Schwierigkeitsgrad

● ○ ○

Material

- 4 Toilettenpapierrollen
- 150 g Modelliergipspulver
- 15 Tropfen flüssige Lebensmittelfarbe in Gelb, Blau, Rot und Grün
- 80 ml Wasser
- Plastikschüssel
- Schneebesen
- Malerkrepp
- 4 Joghurtbecher

TIPP Suche dir draußen im Schnee eine schöne glatte Fläche und reibe die Kreide vorsichtig mit der Küchenreibe auf den Schnee. Benutze viele unterschiedlichen Farben, bis ein kunterbuntes Bild entsteht. Du kannst die geriebene Kreide in Schälchen füllen, bevor du in den Schnee gehst. Draußen kannst du Schneebälle damit einreiben oder ein großes Bild in den Schnee streuen.

Hippe Hippies

1 Waschen Sie das Shirt oder die Kissenhülle, sodass die Appretur entfernt ist.

2 Legen Sie eine Plastiktüte in die Kissenhülle oder das Shirt – das verhindert, dass die Farbe auf die andere Seite durchdrückt.

3 Drehe aus dem Stoff kleine „Knubbel" und binde die Gummis darum. Ein Erwachsener kann dir dabei helfen, die Gummis richtig oft und fest um den Stoff zu wickeln.

TIPP Wer möchte, kann nach dem Trocknen noch ein weiteres Mal mit Gummis kleine Zipfel abbinden. Diesmal sollte der Stoff noch fester umwickelt werden. Anschließend wird mit einer dunkleren Farbe gespritzt, zum Beispiel mit Türkis. Nach dem Abnehmen der Gummis wird man die alten und die neuen Batikkreise entdecken.

Schwierigkeitsgrad

● ○ ○

Gruppentauglich

Material

- Baumwoll-Kissenhülle oder Kindershirt in Weiß
- Stoffmalfarbe flüssig in Gelb und Pink
- 15 Haushaltsgummis
- 2 Einwegflaschen mit Trinkverschluss
- Plastiktüte

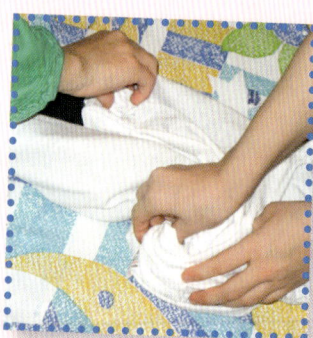

4 Füllen Sie wenig Wasser und gelbe Stoffmalfarbe in die eine, Wasser und pinke Stoffmalfarbe in die andere Einwegflasche. Schrauben Sie jeweils den Trinkverschluss auf.

5 Nimm die Flasche und spritze gelbe Farbe auf den Stoff. Anschließend machst du dasselbe mit der pinken Farbe, bis keine weißen Stellen mehr zu entdecken sind.

6 Drehe das Kissen oder das Shirt um. Spritze auch auf der Rückseite gelbe und pinke Farbe auf.

7 Lass den Stoff gründlich trocknen. Erst wenn die Farbe ganz getrocknet ist, dürfen die Gummis wieder abgemacht werden. Wow! Was für ein Muster!!

8 Fixieren Sie die Farbe nach Herstellerangaben und bügeln Sie das Kindershirt oder die Kissenhülle. Fertig!

Heiße Platte

Schwierigkeitsgrad
● ● ○

Gruppentauglich

Material
🌀 Warmhalteplatte für Speisen
🌀 Papier
🌀 Tonpapierrest in Braun
🌀 UHU Alleskleber Kraft
🌀 Klebefilm

🌀 Kinderschere
🌀 Wachsmalfarben mit hohem Bienenwachsanteil in Gelb, Orange, Hellgrün, Rot, Blau und Violett
🌀 alte Zeitungen

Vorlage
Seite 61

1 Decke die Wärmeplatte mit einer Lage Zeitungspapier ab und lege das Malpapier darauf.

2 Schalten Sie die Wärmeplatte ein und lassen Sie Platte und Kind nun nicht mehr unbeaufsichtigt.

3 Wenn deine Wachsfarbe beim Aufdrücken zu Schmelzen beginnt, dann kannst du mit dem Malen beginnen.

4 Die schmelzenden Farben verlaufen ineinander und du kannst tolle Muster gestalten. Achte darauf, dass du beim Malen nicht zu dunkle Farben verwendest.

5 Löse das Bild von der Wärmplatte.

6 Schalten Sie die Wärmeplatte aus. Durch die geschmolzenen Farben wird das Papier transparent.

7 Schneide dir mithilfe der Vorlage daraus Schmetterlinge aus und hänge diese mit Klebefilm ans Fenster!

TIPP Aus dem gestalteten Papier lassen sich tolle Laternen basteln oder auch ein wetterfester Papierflieger.

Wellenkamm

1 Rühren Sie den Tapetenkleister nach Herstellerangeben an.

2 Nun darfst du mit dem dicken Pinsel den Tapetenkleister auf dem ganzen Keilrahmen verteilen. Oder du nimmst einfach deine Hände dazu – das fühlt sich lustig an!

3 Streiche die türkise Farbe auf den Tapetenkleister. Achte darauf, dass die Farbe überall gut verteilt ist.

4 An einigen Stellen kannst du blaue Farbe neben oder über der türkisen Farbe aufmalen.

5 Du bist nun ein Zauberer und zauberst weiße Linien in das türkis-blaue Bild. Man kann mit unterschiedlichen Hilfsmitteln zaubern – versuche es zuerst einmal mit deinen gespreizten Fingern und ziehe damit weiße Linien oder Kreise und Kringel in die Farbe. Gut geeignet ist aber auch ein Kamm, ein Effektspachtel oder ein Eislöffel.

TIPPS Verwenden Sie doch auch mal farbigen Tonkarton als Malgrund. Diese Kleisterkunst lässt sich schön in einem farblich passenden Rahmen ausstellen. Oder Sie verwenden nur den schönsten Ausschnitt. Kleben Sie diesen hinter eine Passepartout-Karte. Fertig ist ein herrlicher Gruß für Oma und Opa.

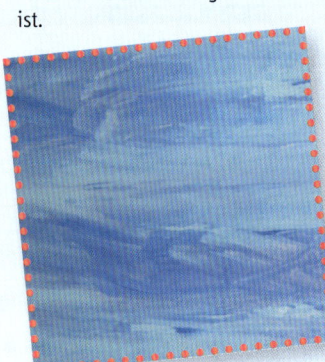

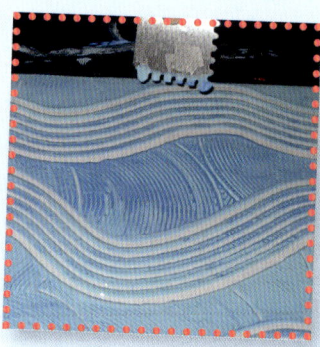

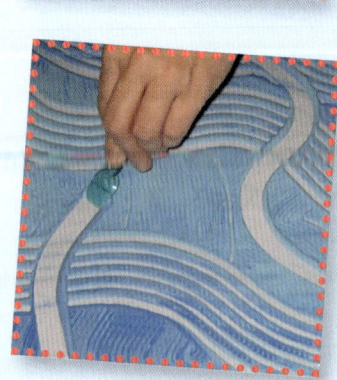

Schwierig-
keitsgrad

● ● ●

Gruppentauglich

Material

- Keilrahmen, 40 cm x 60 cm
- Tapetenkleister und Wasser
- Fingerfarbe in Türkis und Blau
- Pinsel Größe 16-18
- Kamm (alternativ Modellierhölzer, Effektspachtel, Eislöffel)

6 Da die Kinder immer wieder neue Materialien und Muster ausprobieren wollen, werden bisher gemalte Muster meist immer wieder übermalt. Hier braucht man als Erwachsener Geduld und darf nicht enttäuscht sein, wenn auch schöne Muster immer wieder neu zugeschmiert und überkritzelt werden. Aber Ihr Kind macht hier sehr wertvolle Erfahrungen und Entdeckungen, gönnen Sie ihm also dieses Erlebnis!

7 Stellen Sie das Bild zum Trocknen beiseite. Das Trocknen dauert etwa 24 Stunden.

8 Profivariante für ältere Geschwister: Du benötigst einen dritten, dunkleren Farbton. Dazu auf das getrocknete erste Bild einfach eine weitere Schicht Kleister und Farbe auftragen und vorsichtig weitere Effektlinien in die feuchte Farbe ziehen.

TIPP Es gibt viele Gegenstände, die sich dafür eignen, Linien und Muster in das Kleisterbild zu ziehen. Mach dich doch mal auf die Suche und probiere einige aus! Gabeln, Korken, Teigschaber ... alles hinterlässt eine andere, geheimnisvolle Spur.

Malwerkzeug testen

Zum Malen braucht es nicht immer nur einen Pinsel. Lassen Sie Ihrer Fantasie und der Ihres Kindes doch einmal freien Lauf und zweckentfremden Sie gemeinsam Alltagsgegenstände. Auch mit Spülbürsten und Schrubbern lassen sich beispielsweise Kunstwerke kreieren. Ihr Kind erlebt das Malen dabei in einer ganz neuen Größenordnung.

Walzing Matilda

Schwierigkeitsgrad

● ○ ○

Material
Geschenk-papier

🌀 Packpapierrolle

🌀 Acrylfarbe in Rot, Blau, Gelb und Grün

🌀 verschiedene Strukturwalzen

🌀 4 kleine Farbwannen

🌀 selbstklebende Folie

🌀 Permanentmarker

🌀 Schere

🌀 kleine Farbwanne

🌀 Rollstempel oder Malerstreiffarbwalzen aus dem Baumarkt

🌀 Plastiktüte

T-Shirt

🌀 Baumwoll-Kindershirt in Weiß

🌀 flüssige Stoffmalfarbe in Apfelgrün

Vorlage

Seite 62

Geschenkpapier

1 Breiten Sie alte Zeitungen auf dem Fußboden aus. Die Packpapierrolle ausrollen und in der gewünschten Länge abschneiden. Mit Malerkrepp können Sie die Papierbahn fixieren.

2 Acrylfarbe in die Farbwannen geben.

3 Jetzt darfst du dir eine Farbwalze aussuchen und durch die Farbe in der Farbwanne rollen. Anschließend setzt du die Farbwalze auf der Papierbahn auf und rollst eine bunte Bahn aufs Papier. Male hin und her, hoch und runter und dann eine Kurve!

4 Wähle jetzt eine andere Strukturwalze und eine neue Farbe. Wenn du kein Papier mehr sondern nur noch bunte Streifen siehst, dann kannst du dein Kunstwerk trocknen lassen.

5 Nach dem Trocknen kann das Papier als individuelles Geschenkpapier verwendet werden. Mit einem farblich passenden Schleifenband sieht es besonders gut aus.

T-Shirt

1 Waschen Sie das Kindershirt, damit die Appretur entfernt ist.

2 Legen Sie eine Plastiktüte ins Innere des T-Shirts, damit keine Farbe auf die andere Seite durchdrückt und gießen Sie grüne Farbe in die kleine Farbwanne.

3 Übertragen Sie die Traktor- und Werkzeugzeichnung sowie den Namen Ihres Kindes auf die selbstklebende Folie und schneiden Sie alles aus Folie aus. Kleben Sie diese Elemente auf das Shirt.

TIPP Da man am besten auf dem Boden walzen kann, kniet man auch oft aus Versehen in die Farbe. Am besten ziehst du dir zum Walzen also eine Matschhose an!

4 Jetzt kannst du mit viel grüner Stoffmalfarbe über das ganze T-Shirt walzen. Rolle die Walze in der Farbe hin und her, damit sie sich ganz damit vollsaugt – dann rollst du immer von oben nach unten über den Stoff.

5 Sobald die Farbe trocken ist, kannst du die Folie abziehen.

6 Fixieren Sie die Stoffmalfarbe nach Herstellerangaben.

Badewannenpiraten

TIPP Auch mit anderen Badefarben kann man mit den Kindern experimentieren. Mit Malseife lässt sich im Sommer Bodypainting am Planschbecken im Garten veranstalten! Oder die Kinder setzen sich vor eine große Tapetenrolle, schlüpfen mit der Hand in einen Waschlappen und tragen mit dem Waschlappen Malseife wie Farbe auf das Papier auf.

1 Arbeite auf einer dicken, alten Zeitung: Lass die Farbtabletten eingeschweißt in ihren Schutztüten und schlage sie mit dem Fleischklopfer zu ganz feinen Farbbröseln.

2 Lege den Schuhschachteldeckel so auf den Tisch, dass die Innenseite zu dir zeigt. Fülle ganz vorsichtig mit einem Messbecher etwas Wasser in den Deckel (etwa 80-100 ml). Das Wasser soll den Deckel anfeuchten, aber nicht darin stehen.

3 Nun streust du vorsichtig ein paar Farbbrösel aus dem Tütchen in den Schachteldeckel. Da die Badewasserfarbe farbintensiv leuchtet, wird das ein richtiges Knallbild! Besonders schön wird es, wenn auch noch eine zweite und dritte Farbe dazukommt.

4 Nachdem das Kunstwerk getrocknet ist, kann man es sehr gut in einem Regal aufstellen oder mittels aufgeklebter Wollschlinge an der Rückseite auch an der Wand aufhängen.

TIPP Vulkanflasche: Fülle eine kleine PET-Flasche zu einem Drittel mit Wasser. Gib eine rote Badewassertablette hinein. Schütte Speiseöl so hinzu, dass am Hals 3 cm Luft bleiben. Dann eine Vitamin-Brausetablette hineingeben und zuschrauben. Siehst du, wie der Vulkan brodelt?

Schwierigkeitsgrad
● ● ●

Gruppentauglich

Material
- Badewassertabletten in Rot, Gelb und Blau
- Schuhschachteldeckel mit weißem Innenkarton (alternativ: weißes Papier in den Deckel kleben)
- Fleischklopfer
- Messbecher

TIPP Befestige
doch auch mal ein
Papier an der Zim-
mertüre und versu-
che auf dieser Ebe-
ne zu malen. Das ist
ganz anders als
auf oder unter dem
Tisch!

Hals über Kopf

LUSTIGER PERSPEKTIV- WECHSEL

1 Kleben Sie mit dem Malerkrepp
das A4-Papier auf die Unterseite
des Tisches.

2 Jetzt kannst du loslegen und
mit Buntstiften ein lustiges Bild
über deinem Kopf malen.

3 Wenn das Bild fertig ist, lösen
Sie es vorsichtig wieder ab. Kleben
Sie es auf das rote A3-Papier.

Schwierigkeits-
grad

● ○ ○

Gruppentauglich

Material

⊚ dicke Buntstifte
⊚ Tonpapier in Rot, A3
⊚ Papier, A4
⊚ Tisch (mit glatter Unterseite)
⊚ Malerkrepp

Schwierig-keitsgrad

● ○ ○

Material

🌀 Keilrahmen, 40 cm x 40 cm

🌀 Gänseblümchen, Butterblumen, Löwenzahn

🌀 Karotten

🌀 Himbeeren, Erdbeeren

🌀 Rosen in Rot, Lachsrosa oder Pink

🌀 Rotkraut

🌀 Veilchen, schwarze Johannis-beeren, Brombeeren, Holunder-beeren

🌀 Gras (alternativ: Blätter)

🌀 Feuchttücher

Benjamins Blümchen

TIPP Nehmen Sie auf Ihren nächsten Spaziergang einfach einen Skizzenblock mit und probieren Sie alle Fundstücke direkt in der Natur aus.

1 Gehe auf die Wiese oder in den Garten und pflücke dir einige schöne Blumen mit kräftigen Far-ben. Wenn du im Hochsommer malen möchtest, kannst du auch mit Beeren malen.

2 Achten Sie darauf, dass keine giftigen oder geschützten Blumen dabei sind!

3 Zerdrücke die Blüten auf dem Keilrahmen und male mit den Blü-tenköpfen.

4 Wische dir vor jeder neuen Blüte die Hände an einem Feucht-tuch sauber.

5 Mit vielen unterschiedlichen Blüten entsteht ein buntes, pastell-farbiges Gemälde.

6 Jetzt musst du einmal kräftig mit Seife deine Hände waschen!

TIPP Gerade bei dieser Technik lassen sich anfänglich nur abstrak-te Kunstwerke erzielen. Wenn Sie etwas Repräsentativeres möchten, dann arbeiten Sie doch einfach mit einer Schablone (Zeichnungen im Anhang).

Starschnitt

1 Decken Sie den Boden groß-
zügig mit der Folie ab.

2 Jetzt kannst du das Endlospapier auf dem Boden ausrollen.
Wenn du dich darauf legst, sollte
es etwa einen halben Meter größer und breiter sein als du. Wenn
das Papier zu schmal ist, klebst
du einfach zwei Papierbahnen an-
einander.

3 Fixieren Sie die Papierbahn
auf der Unterlage mit dem Malerkrepp. Schütten Sie die Farben
für den Umriss auf die Pappteller.

4 Lege dich auf die Unterlage.
Ein anderes Kind oder dein erwach-
sener Assistent umfährt deinen
Körper mit einem Buntstift. Fertig?
Aufstehen!

5 Tauche den Schrubber in die
Farbe und male deinen Körper-
umriss aus. Je mehr Wasser du in
die Farbe mischst, umso transpa-
renter also durchscheinender wird
deine Farbe. Siehst du den Buntstift noch?

6 Wähle eine andere Farbe
und gestalte alles um den Umriss
herum. Nach zwei Stunden ist das
Bild trocken und kann abgelöst
und aufgehängt werden.

TIPP Dieser Umriss
kann als Geburts-
tagsritual jedes Jahr
wiederholt werden
– dabei wird klar,
wie viel das Kind in
diesem Jahr gewach-
sen ist!

Schwierigkeits-
grad
● ●

Gruppentauglich

Material

- feste Malerfolie
- Packpapier, Endlospapier oder
  Tapetenrolle
- Schulmalfarbe in Gelb, Grun
  und Rot
- Schrubber
- 3 Pappteller
- Malerkrepp
- Buntstift

Pinselstrich

Schwierigkeitsgrad

● ●

Material

- ⊙ Zeichenpapier in Weiß, A3
- ⊙ Acrylfarben in Blau, Gelb, Dunkel- und Hellgrün, Orange, Rot und Türkis
- ⊙ 7 Pappteller
- ⊙ Strukturpinsel, Schaumstoffpinsel (Stupfpinsel), Borstenpinsel, Malpinsel und Flachpinsel (alternativ: Wattestäbchen, Wattebausch, Zahnbürste und Spülbürste)
- ⊙ Klebefilm
- ⊙ Tonpapierrest in Orange
- ⊙ Filzstift in Schwarz
- ⊙ Kinderfoto

1 Legen Sie das Papier bereit. Geben Sie die verschiedenen Farben auf die Pappteller und legen Sie die unterschiedlichsten Pinsel bereit.

2 Suche dir einen Pinsel aus, mit dem du beginnen möchtest. Tupfe ihn in eine Farbe deiner Wahl und ziehe einen ersten Pinselstrich über das Papier. Hole noch mal neue Farbe und male in einer anderen Ecke wieder eine Pinselspur.

3 Dann wählst du einen neuen Pinsel und eine andere Farbe aus. So machst du weiter, bis das ganze Papier über und über mit Pinselspuren bedeckt ist. Mit geraden, krummen, dicken und dünnen Spuren. Jeder Pinsel hinterlässt eine andere Spur!

4 Nach dem Trocknen kann aus dem Spurenbild ein Hefteinband zugeschnitten werden, beispielsweise für das Untersuchungsheft Ihres Kindes. Dazu das Spurenbild mit der schönen Seite auf den Tisch legen und auf die Rückseite das aufgeklappte Untersuchungsheft. Die überstehenden Kanten werden um das Untersuchungsheft eingeschlagen und am Mittelfalz mit einem Schnitt bis zum Heft eingeschnitten.

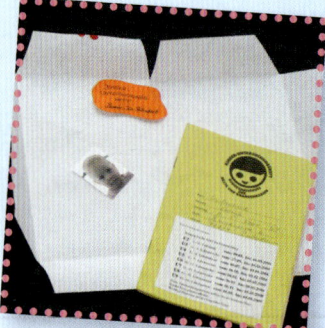

TIPP Ein auf diese Weise gestaltetes Papier eignet sich gut als Hintergrund für eine Familienbildercollage. Kleine Reststreifen ergeben hübsche Lesezeichen.

5 Die Klappen jeweils mit einem Klebestreifen sichern. Auf ein farblich passendes Stück Papier (Größe 3,5 cm x 3,5 cm) wird der Name des Kindes geschrieben und zusammen mit einem Foto des Minis auf die Vorderseite geklebt.

KINDER-
UNTERSUCHUNGS-
HEFT

Leonie Ida Kalmbach

REGEN-
TROPFEN
MALEN
FÜR MICH

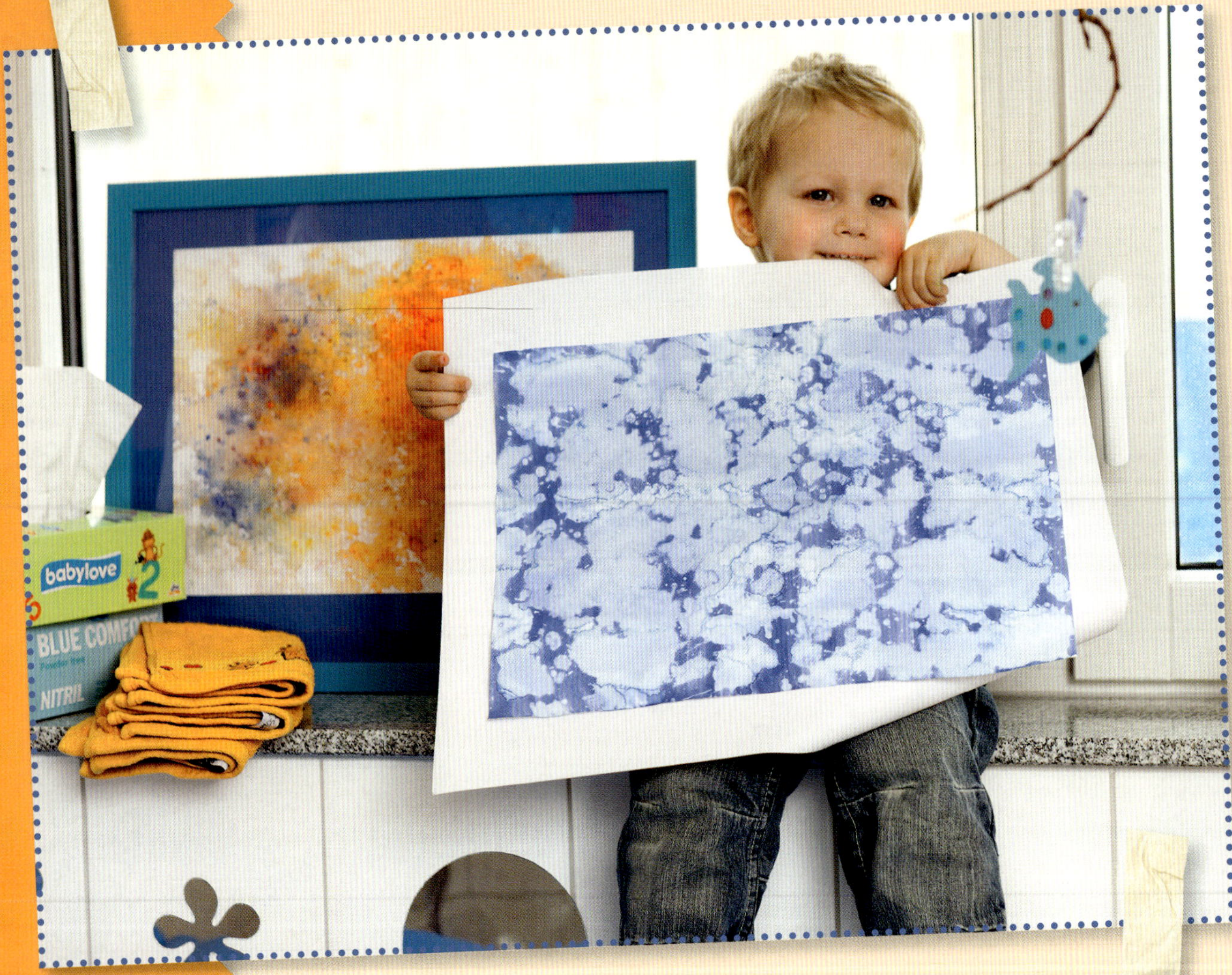

Plitsch-Platsch

1 Lege jeweils eine Farbtablette in eine Gefriertüte und schlage sie mit dem Fleischklopfer zu ganz feinen Farbbröseln. Ebenso die anderen Farbtabletten.

2 Verstreue die unterschiedlichen Farbbrösel auf dem Papier.

3 Jetzt musst du das Bild nur noch vorsichtig in den Regen legen und anschließend wieder trocknen lassen.

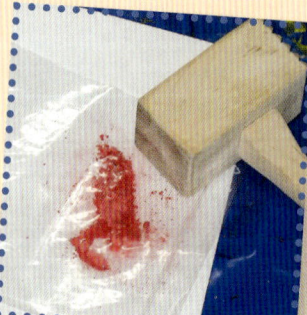

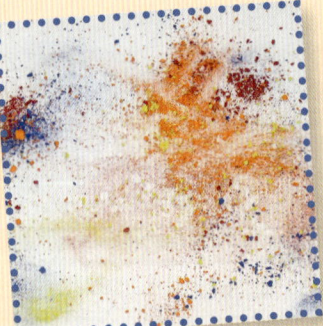

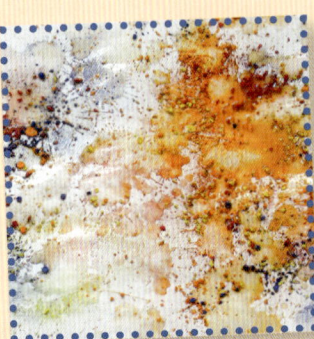

Falls du keine Geduld hast, auf echten Regen zu warten, kannst du auch Wassertropfen von deinen Fingern schütteln oder mit einer kleinen Sprühflasche voller Leitungswasser arbeiten.

4 Wenn das Bild getrocknet ist, kommt es in einen farblich passenden Rahmen. Besonders schön sieht es aus, wenn Sie das Regenbild auf ein farbiges Tonpapier kleben und der Rahmen so groß ist, dass man auch das Tonpapier noch sieht.

Postkarte

Streiche eine weiße Postkarte mit königsblauer Tinte ein. Lege diese blaue Karte in den Nieselregen hinaus. Die Regentropfen verursachen weiße Flecken. Nicht gleich verzagen, die weißen Stellen werden erst nach einiger Zeit sichtbar!

TIPP Beide Techniken – Wasserfarbe oder Tinte – lassen sich in großen und kleinen Formaten umsetzen. So entstehen an einem Regentag beispielsweise herrliche Urlaubsgrußkarten.

Schwierigkeitsgrad

● ● ○ ○

Gruppentauglich

Material

Bild

- Zeichenpapier in Weiß, A3
- Wasserfarbentabletten in Gelb, Orange Rot und Blau (aus den Plastiknäpfchen)
- Fleischklopfer
- 4 Gefrierbeutel
- Borstenpinsel, Größe 14
- Regen
- ggf. Tonpapier in Blau, A2
- ggf. Bilderrahmen in Türkis

Postkarte

- Zeichenpapier in Weiß, A5
- Postkarte mit Passepartout
- Tintenfass in Königsblau
- Borstenpinsel, Größe 14
- Regen

Pinselperle

1 Bereiten Sie das Farbangebot vor: Geben Sie ein wenig blaue, grüne und violette Farbe auf einen Pappteller und ein wenig gelbe, rote und rosa Farbe auf einen anderen Teller.

2 Lege das Papier in den Karton.

3 Tauche eine Murmel in die Farbe im Pappteller und lege sie in deinen Karton.

4 Bewege den Schuhkarton so, dass sich die Murmel hin und her bewegt und eine Farbspur hinterlässt.

5 Wenn die Murmel keine Farbe mehr hinterlässt, nimmst du sie aus dem Karton, wischst sie mit Küchenkrepp sauber und tauchst sie in eine andere Farbe. Profis können auch mal mehrere Murmeln gleichzeitig rollen lassen.

TIPP Aus dem fertigen Papier lassen sich bunte Schachteln falten – die sind ein wunderbares Geschenk! Eine kurze Schachtelbastelanleitung finden Sie auf Seite 7.

Schwierigkeitsgrad

● ○ ○

Material

⊚ Murmeln, ø 1 cm und 4 cm

⊚ Papier, A4

⊚ Schulmal- oder Fingerfarben in Rot, Rosa, Gelb, Grün, Blau und Lila

⊚ 2 Pappteller

⊚ Schuhkarton

⊚ Küchenkrepp

6 Wenn dein Bild fertig ist, nimmst du es vorsichtig aus dem Karton, legst es auf eine Zeitung und lässt es trocken.

Kaffeeklatsch

Schwierigkeitsgrad
● ● ○

Material

- Keilrahmen, 40 cm x 50 cm oder 60 cm x 60 cm
- Fingerfarbe oder Schulmalfarbe in Rosa, Pink, Hell- und Dunkelblau, Grasgrün, Orange, Gelb und Neonpink
- Tortenspitze, ø 35 cm und 40 cm x 29 cm
- 2 Spülbürsten
- 3 Spülschwämme
- 3 Pappteller
- UHU Sprühkleber 3 in 1

TIPP Deine bunten Tortenspitzen kannst du nach dem Malen wegwerfen oder weiterverwenden: Du kannst sie zusätzlich auf dein Bild kleben oder damit Schachteln und Dosen verzieren. Wer keine weißen Tortenspitzenspuren möchte, kann seinen Keilrahmen mit einer hellen Farbe komplett grundieren.

1 Bereiten Sie den Arbeitsplatz vor und füllen Sie drei Farben auf Pappteller

2 Grundiere erst einige Stellen deiner Leinwand. Benutze dazu helle Farben. Trage die Farben mit einem leicht angefeuchteten Schwamm auf.

3 Wenn die Leinwand getrocknet ist, legst du die Tortenspitzen probeweise so auf der Leinwand aus, dass möglichst viele Spitzen darauf Platz haben. Du kannst die Tortenspitzen auch zerschneiden und nur Ausschnitte benutzen.

4 Entfernen Sie die Tortenspitzen wieder von der Leinwand und besprühen Sie die ausgewählten Spitzen mit dem Sprühkleber.

5 Jetzt kannst du die Spitzen auf die bemalte Leinwand legen und festdrücken. Die Spitzen lassen sich später ganz einfach wieder entfernen und wieder verwenden.

6 Tauche die Spülbürste vorsichtig in die Farbe und betupfe damit die Tortenspitzen auf der Leinwand. Bemale so kunterbunt in tupfenden Bewegungen die ganze Leinwand. Lass die Farbe trocknen und ziehe dann die Tortenspitzen ab.

Untergründe erforschen

Pinseln, tropfen und werkeln auf Papier und Leinwand kennt und kann jeder. Begeben Sie sich gemeinsam mit Ihrem kleinen Picasso doch einmal auf ein etwas ungeübteres Terrain und experimentieren Sie mit dem Maluntergrund. Unkonventionelle Materialien wie Schmirgelpapier, Stoff, Holz oder Glas bringen nicht nur spannende Effekte hervor, sondern auch ein ganz neues Malerlebnis.

BAUMSCHEIBEN MIT ÖLKREIDE GESTALTEN

TIPP Besprühen Sie die gestalteten Baumscheiben doch mit Klarlack – dann färbt nichts ab und Sie können die rustikalen Kunstwerke als Topfuntersetzer verwenden.

Baumstark!

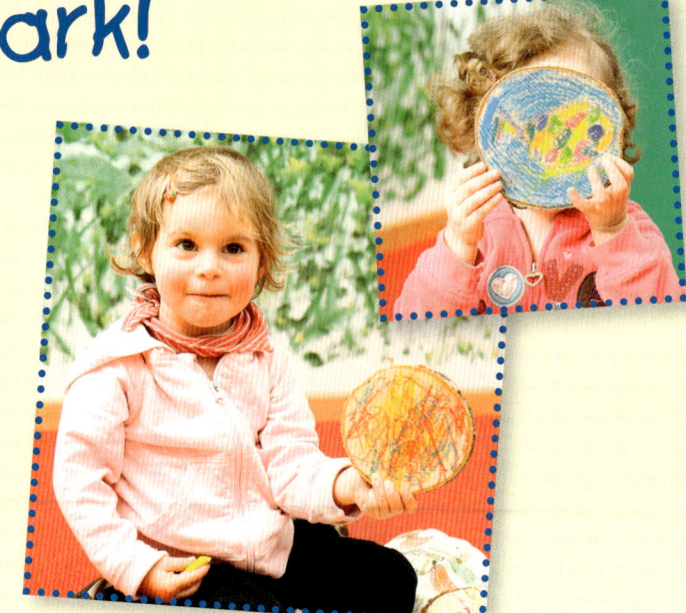

1 Suche dir eine helle Ölpastellkreide aus und bemale damit die Baumscheibe oder einen tollen Baumstumpf.

2 Wähle nun eine dunklere Ölkreide. Malst du ein Muster oder eine Blume? Vergiss nicht, auch die Rückseite deiner Baumscheibe zu bemalen.

3 Die bemalten Baumscheiben sind einigermaßen wetterfest. Sie können die Scheiben vor der Haustür oder im Garten, beispielsweise am Gartenzaun, arrangieren.

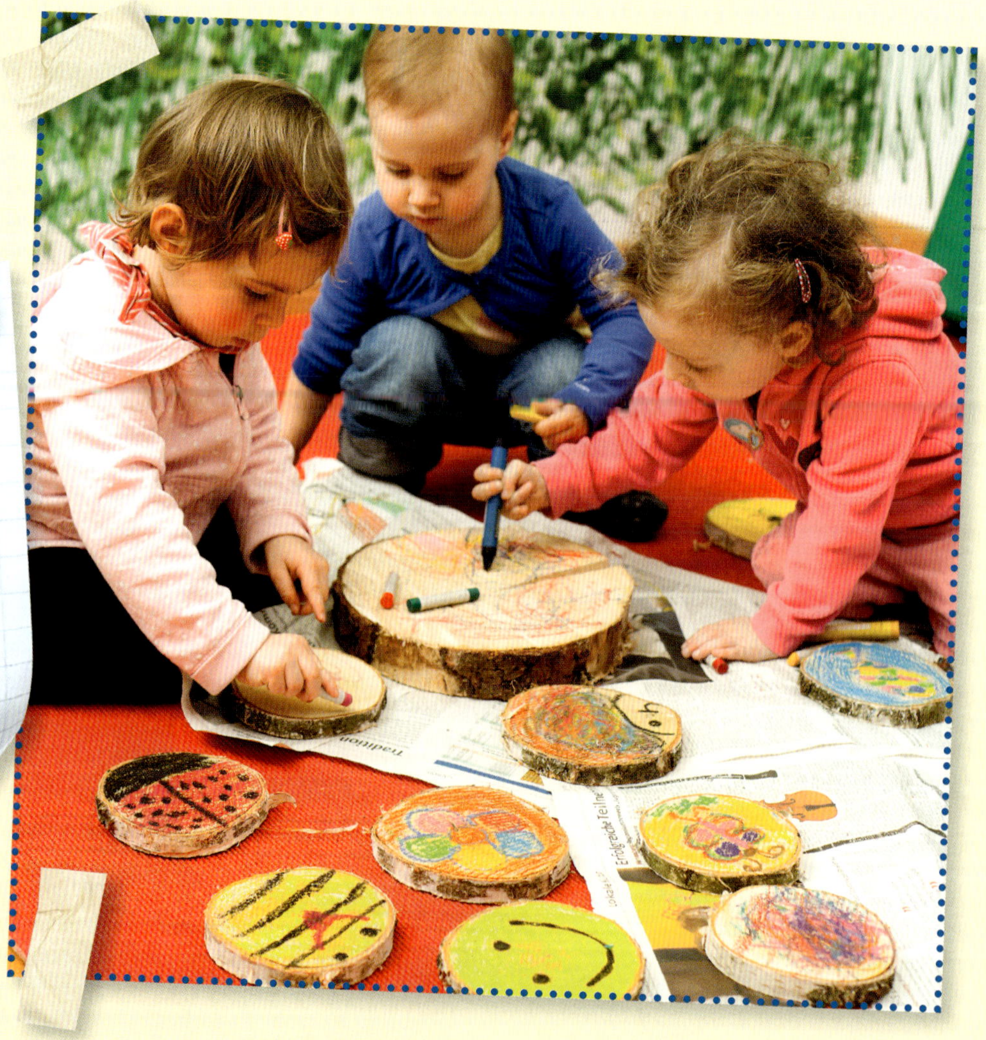

Schwierigkeitsgrad ●●○

Gruppentauglich

Material
- Baumscheiben, ø 15-25 cm
- Ölpastellmalkreide in Gelb, Orange, Pink, Rot, Lila, Grün und Schwarz

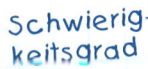

TIPP Es müssen keine ordentlichen Muster gemalt werden – auch erstes „Kritzel-Kratzel" kommt richtig gut zur Geltung!

Achtung, Sprengung!

SPANNENDE AUSSPRENG-TECHNIK

1 Male mit einem hellen Wachsmalstift ein Muster aus Kringeln oder Kreisen auf den Bilderrahmen. (Ältere Geschwister können beispielsweise auch kleine Schnecken malen). Drücke dabei fest mit dem Wachsstift auf!

2 Rühren Sie die Holzlasur nach Herstellerangaben an und decken Sie die Tischplatte mit einer dicken Zeitungsschicht ab.

3 Mithilfe des dicken Pinsels malst du nun mit der Holzlasur den Rahmen an. Nimm nur ganz wenig Farbe! Schon beim ersten Pinselstrich kannst du etwas entdecken: Überall, wo du vorher mit den Wachsmalstiften gemalt hast, perlt die Farbe ab, und es ergibt sich ein spannendes Zauberbild!

Variante

Die Absprengtechnik kann auch mit Flüssigkleber durchgeführt werden. In diesem Fall aber zuerst warten, bis der aufgemalte Klebstoff getrocknet ist, bevor man die Holzlasur aufträgt.

Schwierigkeitsgrad

● ● ●

Material

- Wachsmalstifte oder -blöcke in Weiß, Zitronengelb oder Hellgrün
- Pinsel, Größe 18
- Holzlasur in Rot, Blau oder Grün
- unlackierte Holzrahmen, 27 cm x 21 cm, 18 cm x 13,5 cm

Bauklötze staunen

1 Grundiere alle Schuhschachteln mit weißer Farbe: Male die Kisten rundherum weiß an und lass sie trocknen.

2 Wenn noch Schrift durchschimmert, dann bemalst du die Kisten noch einmal weiß.

3 Geben Sie etwas Farbe auf einen Pappteller. Bei einem ängstlichen Kind können Sie die Handflächen auch mit einem Pinsel bemalen, das kitzelt schön.

4 Tauche deine Handflächen in die Farbe. Nun machst du auf der Schachtel einen bunten Handabdruck. Für einen zweiten Abdruck müsste die Farbe auch noch reichen,

danach wird noch einmal neue Farbe aufgetragen. Stemple rundherum um die ganze Schachtel deine Handabdrücke.

TIPP Am besten verwenden Sie Schachteln der gleichen Höhe, damit sich daraus stabile Mauern und Türme bauen lassen. Aber auch eine einzelne Schachtel wirkt toll, beispielsweise als Schatzkiste für Kinderfotos.

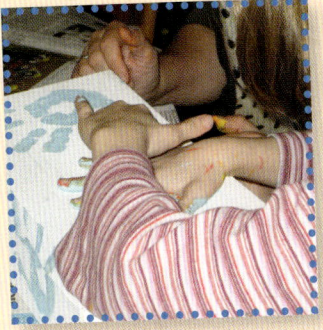

ein bisschen in lauwarmem Seifen-wasser „baden". Dann mit Wasch-lappen oder Handbürste die letzten Reste abwaschen.

6 Sie können die Schuhschach-teln nach dem Trockenen mit Klar-lack fixieren. Das ist aber nur not-wendig, wenn sie sehr stark be-spielt, also beispielsweise als Bau-klötze verwendet werden.

5 Wenn alle Handabdrücke fertig sind, werden die Hände gründlich gewaschen. Am besten geht das, wenn die Hände zuerst

Schwierig-keitsgrad

● ○ ○

Gruppentauglich

Material

- 15 Schuhschachteln, ca. 30 cm x 20 cm x 15 cm
- Acrylfarbe in Weiß, Blau, Grün, Gelb, Orange und Rot (alternativ: Cromarfarbe)
- Flachpinsel, Größe 24
- 5 Pappteller
- ggf. Klarlack

Underground

Schwierigkeitsgrad
● ● ○

Material
- Keilrahmen, 60 cm x 60 cm
- Pappschablone, 20 cm x 20 cm
- Pappe, 20 cm x 20 cm
- Papier, 20 cm x 20 cm
- Schmirgelpapier, 20 cm x 20 cm
- Luftpolsterfolie, 20 cm x 20 cm
- Vorhangstoff, 20 cm x 20 cm
- Alufolie, 20 cm x 20 cm
- Plastiktüte, 20 cm x 20 cm
- Wellpappe, 20 cm x 20 cm
- Spültuch, 20 cm x 20 cm
- Fingerfarben oder Schulfarben in Blau, Violett, Grün und Weiß
- Pappteller
- breiter Pinsel oder Schwamm
- UHU Alleskleber Kraft

TIPP Vorab, zur Hinführung auf das Thema, lässt sich mit vielen kleinen Pappkärtchen und den verschiedenen Malgründen auch ein Memospiel basteln.

1 Schneiden Sie sich aus Ihrer Auswahl an unterschiedlichen Maluntergründen neun Quadrate mit Kantenlänge 20 cm zu.

2 Klebe die ausgeschnittenen Quadrate auf die Leinwand. Eventuell musst du die Quadrate beschweren, damit sie sich beim Trocknen nicht vom Keilrahmen ablösen. Nach einer Stunde Trocknungszeit kannst du mit dem Malen beginnen.

3 Bemale jetzt das Bild mit den unterschiedlichen Blautönen, bis vom Untergrund nichts mehr zu sehen ist.

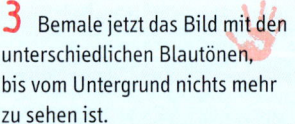

4 Das Bild drei Stunden trocknen lassen.

5 Jetzt wird getestet: Errätst du, welcher Untergrund sich wo versteckt? Wo ist das Schmirgelpapier?

Igitt, das kratzt!

1 Übertragen Sie die Vorlagen-
zeichnungen auf Karton und schneiden Sie diese mithilfe eines Schnei-
demessers auf einer Schneidematte
aus. Legen Sie die Kreischablone auf
das Schleifpapier mit der feinsten
Körnung.

2 Male mit Wachsmalfarben das
Innere der Schablone aus.

3 Legen Sie die Schablone auf ein
Schleifpapier mit grober Körnung.

4 Male auch hier die Schablone
mit Wachsstiften aus. Hast du beim
Ausmalen der Kreise einen Unter-
schied bemerkt? Auf welchem Papier kann man besser malen? Fühle
mit deinen Fingern die Oberfläche
des Schleifpapiers.

5 Lege die Quadratschablone
auf das feine Schleifpapier. Diesmal
darfst du mit Buntstiften malen.

Was merkst du beim Malen? Klappt
es genauso gut wie mit den Wachsmalstiften, oder ändert sich etwas?
Welche Farben wirken schöner?
Welches ist dein Lieblingspapier?
Mit welchen Stiften kann man am
besten auf Schleifpapier malen?

6 Bleiben Sie bei Ihrem Jung-
künstler und helfen Sie bei der Zu-
ordnung der Grundformen. Suchen
Sie das Gespräch und vergleichen
Sie die Maleigenschaften. Die Drei-
ecke werden z. B. mit Ölpastellkreide, die Rechtecke mit Bleistift
ausgemalt.

Schwierigkeitsgrad
● ● ●

Gruppen-
tauglich

Material
◎ Karton,
35 cm x 20 cm
◎ Schleifpapier
230 cm x 280 cm,
P 40, P 120 und
P 240
◎ Buntstifte
in Hellblau

◎ Wachsmalstifte
in Gelb
◎ Ölmalkreide in
Hellgrün
◎ Bleistift
◎ Lineal, Cutter und
Schneidematte

Vorlage
Seite 62

Luftig-leichte Zaubersteine

1 Bereiten Sie den Arbeitsplatz vor: Ein Tisch wird mit einer Unterlage präpariert. Stellen Sie einen kleinen mit Glitzer gefüllten Teller darauf; außerdem benötigt Ihr Kind eine Schüssel. Heizen Sie den Ofen auf 160 °C vor.

2 Forme 10-12 Wattebällchen.

3 Verrühre Wasser und Mehl in der Schüssel zu einer glatten Masse.

4 Ziehe behutsam die Wattebällchen darunter bis sie ganz vom Teig umgeben sind.

5 Hole die Wattebällchen vorsichtig wieder heraus und setze sie auf das mit Backpapier ausgelegte Backblech.

6 Backen Sie die Watteteigbällchen bei 160 °C auf der untersten Schiene eine Stunde lang, bis sie leicht gebräunt und hart sind. Lassen Sie die kleinen „Steine" mindestens eine halbe Stunde lang abkühlen!

7 Mit Acrylfarben oder Fingerfarben kannst du deine Zaubersteine kunterbunt bemalen.

8 Wenn du Glitzersteine möchtest, dann wälzt du einen frisch bemalten Stein im Glitzerteller. An der feuchten Farbe bleibt der Glitzer haften. Fertig sind zauberhafte Steine für deine Spiellandschaft!

Schwierigkeitsgrad
● ○ ○

Gruppentauglich

Material
- Tasse Mehl
- 3/4 Tasse warmes Wasser
- 2 Hände voll Watte
- Schüssel
- Untertassen
- Backblech mit Backpapier, Ofen
- Fingerfarbe (alternativ Acrylfarbe) in Pink, Grün, Blau und Türkis
- Glitzer in Gold, Silber und Rosa

Schwierigkeits-grad

● ● ●

Material

- Windowcolor in Rot, Orange, Gelb und Goldglimmer
- Einmachglas
- Frischhaltefolie
- Stoffband in Orange, 2 cm breit, 80 cm lang
- Kerze in Orange, ø 8 cm, 10 cm hoch

Eingemacht!

1 Nimm dir die Windowcolor und kleckse großzügig rundum auf das Einmachglas kleine und große Farbkleckse.

2 Jetzt legst du die Frischhaltefolie rund um das Einmachglas.

3 Streiche mit der flachen Hand fest über die Folie, sodass sich zwischen Folie und Glas die Farbe nach allen Seiten verteilt. Hierbei ist es egal, wenn sich Falten in der Folie bilden oder die Folie sich etwas hin und her verschiebt.

4 Ziehen Sie gemeinsam die Folie langsam ab, dadurch bildet sich eine interessante Struktur. Sollten Sie feststellen, dass zu wenig Farbe aufgetragen wurde, einfach noch mal Farbe nachtropfen und den Vorgang wiederholen.

5 Nach dem Trocknen binden Sie das Stoffband in Orange um das Einmachglas, stellen eine farblich passende Kerze hinein und fertig ist ein wunderschönes Windlicht, das herrlich goldenes Licht verströmt.

TIPP Besonders hübsch sieht es aus, wenn man Libellen, Schmetterlinge oder Schwalben mithilfe eines Motivlochers aus selbstklebender schwarzer Folie ausstanzt und rund um das Glas klebt.

Malerei erleben

Malen ist alles andere als langweilig! Ob auf herkömmliche oder auf alternative Art und Weise, der Fantasie sind keine Grenzen gesetzt. Bei der Schaffung seines Kunstwerks begibt sich Ihr Kind auf eine kleine Abenteuerreise, bei der Schritt für Schritt die Farbenvielfalt erfahren, mit Farben experimentiert und Assoziationen geweckt werden. Lassen Sie sich gemeinsam mit Ihrem Kind auf dieses Abenteuer ein und staunen Sie, wie schnell Ihr kleiner Künstler kreative Resultate erziet.

**MIT DEM
LAUFRAD
DURCH
DIE FARBE**

RadArt

TIPP Schau dir
mal die Spur genau
an. Wie sieht sie
mit einem Dreirad
aus, wie mit einem
Hüpfball oder mit
einem Roller?

1 Rollen Sie die Malerfolie aus
und legen Sie die Steine an die
Enden, damit der Wind die Folie
nicht wegweht.

2 Ziehe deine Matschhose und
Gummistiefel an! Jetzt kannst du
das weiße Endlospapier auf der
Unterlage ausrollen.

3 Legen Sie an einem Ende der
Folie das Wachstuch aus und verteilen Sie mithilfe des Eiskratzers
großflächig gemeinsam darauf die
erste Farbe.

4 Stelle dein Laufrad vor das
Wachstuch und fahre langsam
über die Farbe und dann über das
Endlospapier.

5 Jetzt kannst du eine zweite
Farbe auf das Wachstuch schütten
und erneut darüber fahren.

6 Lassen Sie die Papierrolle drei
Stunden am Boden trocknen, bevor
Sie sie aufrollen. Aus dem bunt be-
malten Papier lässt sich Geschenk-
papier, ein Willkommens- oder
Geburtstagstransparent oder eine
Türverzierung generieren.

Jeder Schuss ein Treffer

3 Ziehen Sie eine Spritze oder alternativ eine Spritzpistole mit goldener oder gelber Farbe auf. Am einfachsten geht das, wenn man die Acrylfarbe mit ganz wenig Wasser mischt. Für kleinste Kinder ist eine Wasserpistole meist einfacher zu handhaben als eine Spritze.

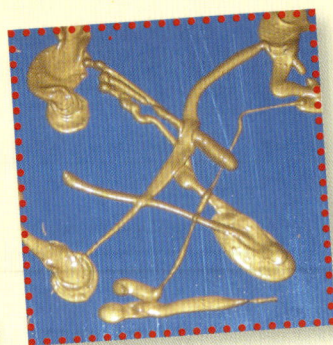

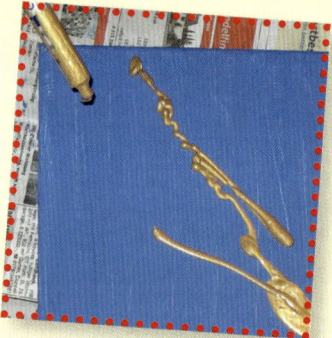

5 Ziehen Sie die Spritze nochmals auf und drehen Sie den Keilrahmen ein wenig, bevor das Kind erneut die Farbe „abschießt". Entscheiden Sie mit dem Kind zusammen, wie viel Farbsalven insgesamt „abgeschossen" werden sollen.

TIPP Toll sind auch 3D-Objekte, wie ein Vogelhäuschen für den Garten oder eine Lampe fürs Kinderzimmer, die der kleine Lauser mithilfe seiner Spritzpistole gestalten kann.

TIPP Es bietet sich an, im Freien zu arbeiten! Da das Kind einen größeren Kraftaufwand braucht, um die Spritze oder die Wasserpistole abzudrücken, richtet es diese oft auf den eigenen Schoß oder direkt auf das Bild. Schönere Ergebnisse ergeben sich aber, wenn man den Keilrahmen überspritzt und so eine größere „Farbschlange" produziert und nicht nur ein „Häufchen".

1 Decken Sie den Tisch mit einer großen Wachstuchtischdecke ab oder arbeiten Sie im Freien.

2 Jetzt darfst du mit dem dicken Pinsel den ganzen Keilrahmen mit blauer oder roter Farbe anmalen, sodass man keinen weißen Fleck mehr sieht. Wenn du auch die Außenränder des Keilrahmens bemalst, sieht es besonders schön aus. Lass deine Leinwand gründlich trocknen.

4 Nimm die Spritze in die Hand und drücke fest auf den Stempel. Achte darauf, dass die Spritze auf den Keilrahmen gerichtet ist, denn die Farbe wird mit Druck herausspritzt!

Schwierigkeits-
grad
●●○

Gruppentauglich

Material
- Keilrahmen, 40 x 40 cm
- 5 ml-Spritze oder kleine Wasserspritzpistole
- Acrylfarbe in Blau und Gold oder Gelb und Rot
- Borstenpinsel, Größe 14 oder 16
- Becher

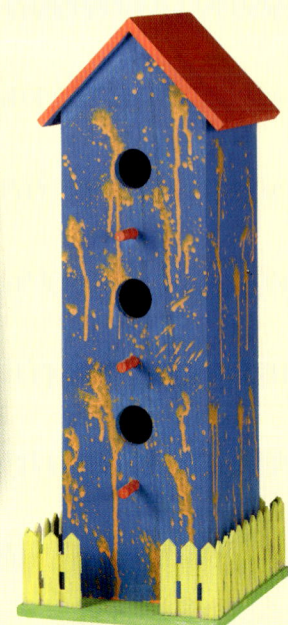

Tanzmariechen

Schwierigkeits-grad
● ● ●

Gruppentauglich

Material
- ⚙ Abdeckplane
- ⚙ Endlospapier oder Tapetenrolle
- ⚙ Malerkrepp
- ⚙ Schulmalfarben (alternativ: Finger-farbe) in Lila, Rosa, Rot, Orange, Gelb, Grün und Blau
- ⚙ 7 Pappteller
- ⚙ CD-Player
- ⚙ leichte, klassische Musik

1 Legen Sie die Malerfolie groß-zügig aus und breiten Sie das End-lospapier darauf aus.

2 Füllen Sie in jeden Papptel-ler eine Farbe. Legen Sie eine CD ein und lassen Sie das Kind mit geschlossenen Augen lauschen.

3 Ziehe deine Strümpfe aus und tippe mit den Füßen ganz vorsichtig in den Farbteller. Mit den farbigen Füßen tanzt du zur Musik über das Papier.

Nach was klingt denn die Musik? Ist es ein wilder Indianertanz, eine cooler Bauchtanz oder ein ruhiger Walzer?

4 Wenn du keine Farbe mehr an den Füßen hast, tippst du in die nächste Farbe.

5 Lassen Sie das fertige Bild zwei Stunden trocknen.

TIPP Wenn Ihr Kind die Farbe nicht direkt auf der Haut mag, ziehen Sie ihm einfach einen Gefrier-beutel über den Fuß (mit Haushaltsgummi sanft fixieren). Fertig ist die Malpusche!

Variante
Eine herrliche Variante lässt sich mit Luftballons erzielen. Alle Kin-der lassen einen Luftballon mit Farbe auf dem Papier tanzen. Im-mer wieder tippen sie dabei mit dem Luftballon in die Farbe auf den Papptellern, sodass ein kunter-buntes Actionpainting entsteht. Verlegen Sie diese Aktion am bes-ten ins Freie!

Der Plumpsack geht um

Schwierigkeitsgrad

● ● ○

Material

- Malkarton, 40 cm x 40 cm
- Acrylfarbe (alternativ: Fingerfarbe) in Hellgrün, Rot, Orange und Gelb
- 4 Pappteller
- dünner Baumwollstoff (z. B. altes Leintuch)
- Wollrest
- 24 Murmeln
- Füllwatte

1 Schneiden Sie aus dem Baumwollstoff drei Kreise mit Durchmesser 22 cm aus.

2 Füllen Sie einen der Kreise mit einer Handvoll Füllwatte und binden es mit der Wolle zu einem Säckchen zusammen. Mit dem Watte-Malsäckchen können keine filigranen Entwürfe gezeichnet werden, sondern nur grobe Umrisse wie z. B. ein Herz. Diese breiten Linien und auch der Umfang des Malsäckchens, das man mit der ganzen Hand umschließt und dadurch auch mit dem ganzen Unterarm führt, entsprechen der Motorik eines Kleinkindes. Wenn Sie mit Krippenkindern malen, verwenden Sie am besten Fingerfarbe.

3 Die beiden anderen Kreise werden mit jeweils 10-12 Murmeln gefüllt und zugebunden.

4 Geben Sie grüne Farbe auf einen Pappteller.

5 Nimm das Watte-Malsäckchen und tupfe es in die grüne Farbe. Tupfe oder streiche mit dem Säckchen über das ganze Bild. Durch das Tupfen wird der Farbauftrag unregelmäßig und zieht Fäden, passt also zum Motiv der Wiese. Danach kannst du erst mal zum Spielen gehen, denn die Farbe muss trocknen.

6 Wenn die Farbe trocken ist, füllen Sie etwas rote Farbe auf einen weiteren Pappteller.

7 Jetzt tunkst du das erste Murmelsäckchen in die rote Farbe. Halte das Säckchen nun über dein Bild der grünen Wiese und lasse es auf das Bild fallen.

8 Nach einigen Würfen kannst du mit dem zweiten Murmelsäckchen und orangener Farbe weitermachen. Diese Abdrücke sehen aus wie Blumen!

9 Nachdem auch deine Blumen getrocknet sind, tupfst du mit dem Zeigefinger in etwas gelbe Farbe und danach in die Blütenmitten.

TIPP Wenn du möchtest, kannst du die Malsäckchen aus ausgedienten Socken herstellen. Dazu füllst du Watte bzw. Murmeln in den Fersenteil, bindest das Säckchen ab und schneidest dann den Rest der Socke einfach ab.

TIPP Die Malsäckchen sollten wie Malpinsel nach dem Gebrauch ausgewaschen werden, damit man sie wiederverwenden kann. Werden sie nicht ausgewaschen, wird die Farbe hart und die Säckchen sind nicht mehr einsetzbar.

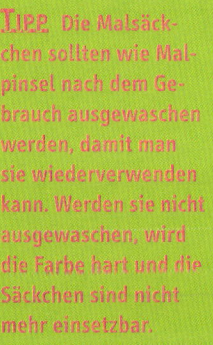

MISCHEN IM KLARSICHT-BEUTEL

Mischmasch

TIPP Um schöne und nicht zu dunkle Farben zu erhalten, sollten die helleren Farben einen grö-ßeren Anteil als die dunklen haben. Deshalb etwas mehr Gelb als Blau mit der Spritze aufziehen, und man erhält ein schönes sattes Grün. Mehr Gelb als Rot für ein freundliches Orange, und mehr Rot als Blau für ein schönes Violett.

1 Ziehen Sie eine Einwegspritze mit blauer und eine mit gelber Farbe auf. Sollte die Farbe zu zähflüssig sein, verdünnen Sie sie mit ein wenig Wasser.

2 Befestigen Sie einen Klarsichtbeutel mit Klebeband am Fenster. Nur am oberen Rand festkleben, so dass der untere Teil lose hängt. Außerdem nur eine Seite der Beutelöffnung ankleben, dadurch kann man in die Öffnung noch etwas einfüllen.

3 Kennst du schon die Namen der Farben? Nimm dir die blaue Farbe und spritze sie vorsichtig in den Beutel. Anschließend darfst du die gelbe Farbe dazu spritzen. Was passiert, wenn man die beiden Farben mischt?

4 Falten Sie den Beutel zweimal um und verschließen Sie ihn mit Klebefilm.

5 Knete den Beutel mit den beiden Farben vorsichtig durch und beobachte, was aus Blau und Gelb wird!

6 Assistieren Sie Ihrem Kind dabei, auch Gelb und Rot zu mischen, danach Blau und Rot.

VORLAGEN

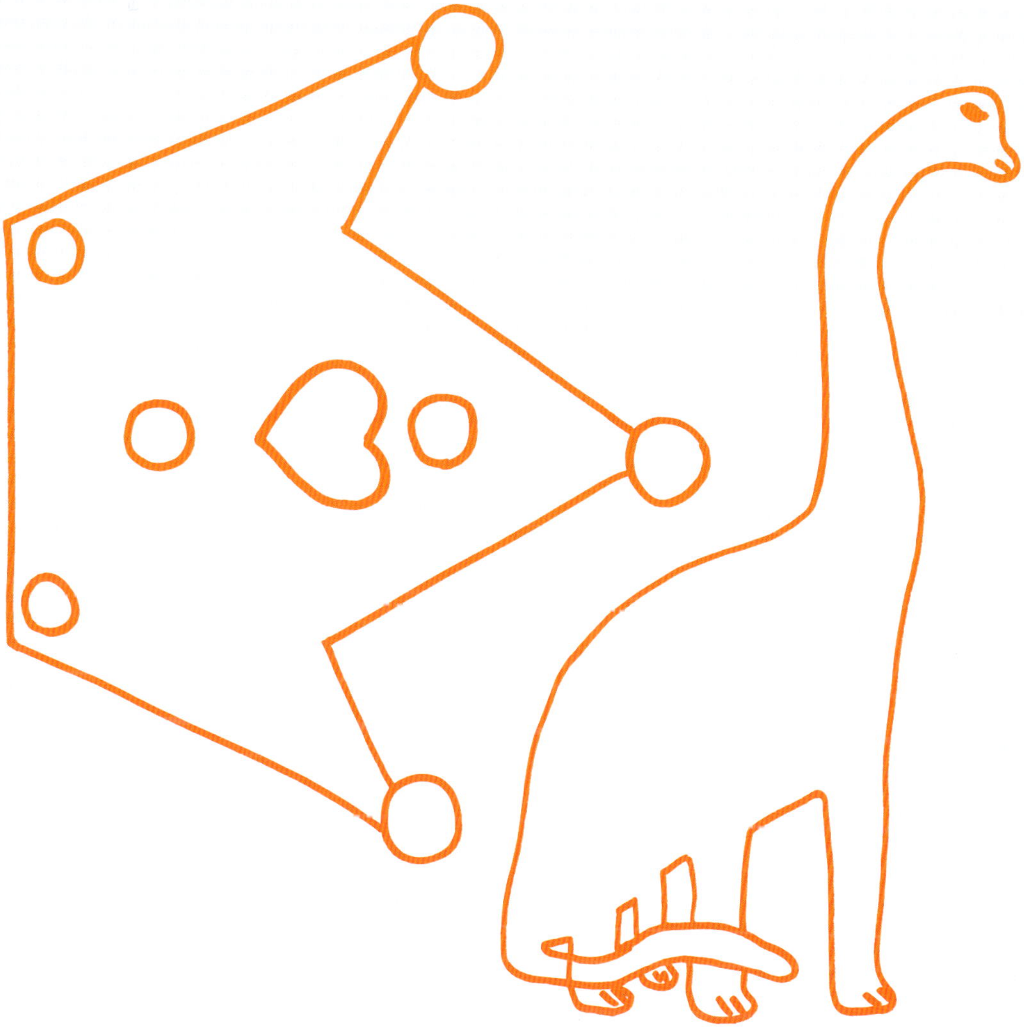

Glitzerglibber
SEITE 14
bitte auf 200 %
vergrößern

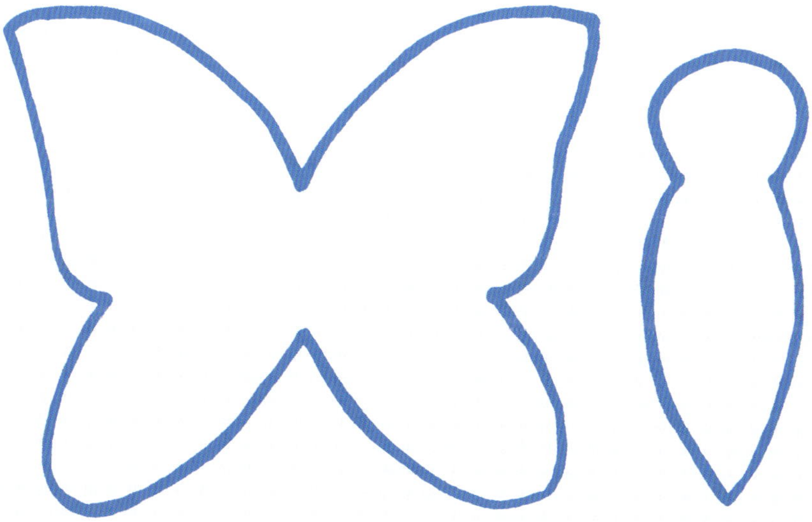

Heiße Platte
SEITE 18
bitte auf 200 %
vergrößern

61

Igitt, das kratzt!
SEITE 46

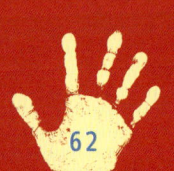

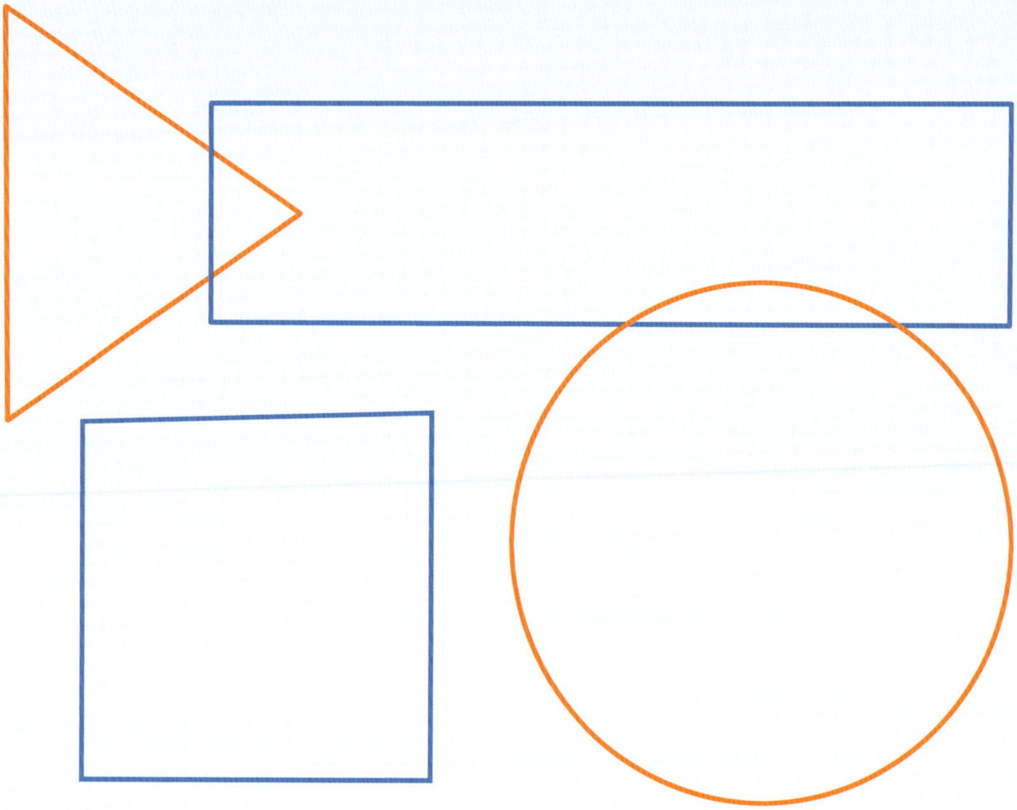

Walzing Matilda
SEITE 24

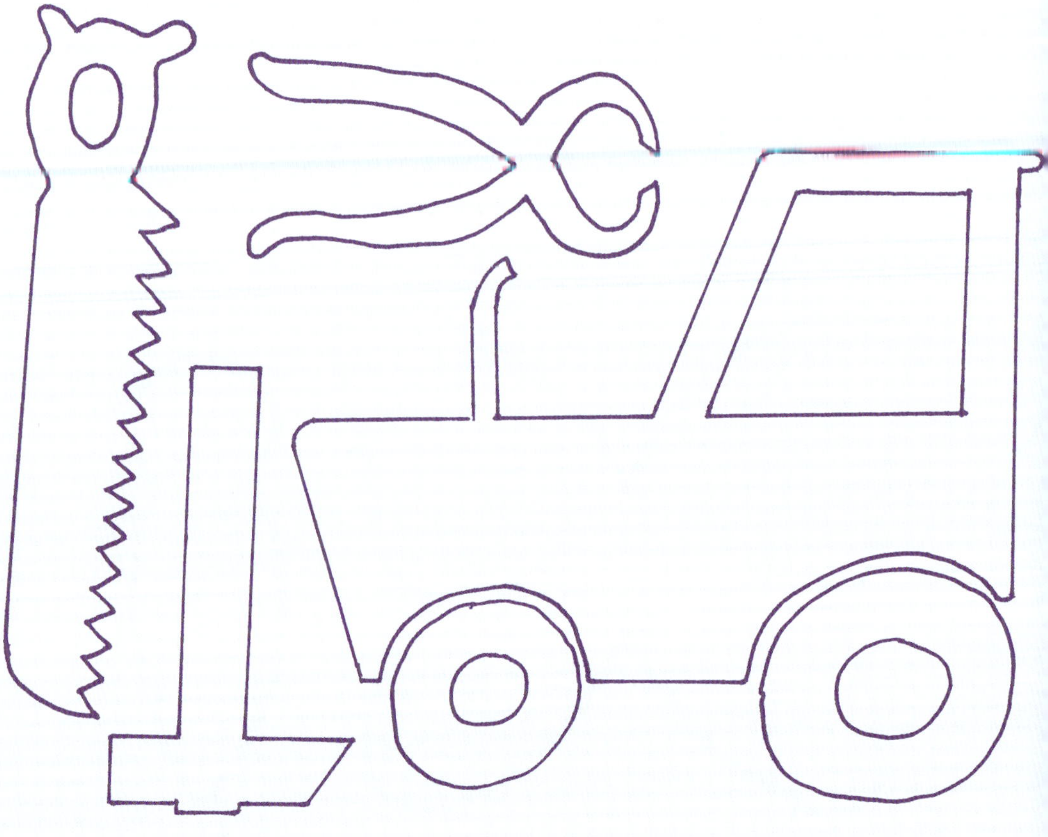